LE 10 avril dernier, le Journal *le Patriote*, qui s'imprime à Clermont, a publié une lettre ainsi conçue :

« *Aurillac, le* ....

» Monsieur le Rédacteur,

» Je viens de lire dans votre numéro du 3 courant, que » par ordre du Garde des sceaux, et à la requête de » M. le Procureur général, M. Ceyras, juge au tribunal » civil de Tulle, vient d'être cité à comparaître par-devant » la Cour royale de Limoges, pour avoir, comme *sous-* » *cripteur aux amendes de la Tribune*, comme *correspondant* » *de la société Aide-toi*, *le Ciel t'aidera*, et comme *membre* » *de l'association Corrézienne*, *compromis* et *avili* la dignité » de son caractère de magistrat, manqué à ses devoirs et » à ses sermens.

» Quoique l'on doive s'attendre à tout sous l'odieux » système qui nous régit, j'ai été pourtant surpris, je » l'avoue, en apprenant cette audacieuse atteinte portée » à l'indépendance de la magistrature française, et qui » ne tendrait à rien moins qu'à la rendre tacitement com- » plice de tous les actes criminels, dont le pouvoir se » rend tous les jours coupable. Il est évident que pour peu » que l'on fît subir d'extension aux précédens que l'on » cherche à établir, toute espèce d'opposition serait bien- » tôt interdite, même à la magistrature inamovible, qui » serait ainsi réduite à cette opposition *silencieuse*, tant » désirée de nos gouvernans.

» Je me hâte donc de déclarer que je proteste avec » toute la force de la conviction la plus résolue et la » plus inébranlable, contre ce nouvel acte de brutalité

» ministérielle. J'ajouterai que , comme M. Ceyras , *j'ai*
» *souscrit pour le paiement des amendes de la Tribune ;*
» *que j'ai correspondu avec la société Aide-toi, le Ciel t'ai-*
» *dera; que je fais partie d'un comité d'association pour*
» *la liberté de la presse* , et que, depuis le moment où
» j'ai été convaincu de la marche rétrograde du pou-
» voir, je n'ai cessé de faire, dans la petite sphère où je
» me trouve placé , la plus vive opposition aux actes
» du Gouvernement.

» Je dois dire encore que, quoique je n'aie eu l'hon-
» neur de voir que deux ou trois fois l'estimable M. Ceyras,
» j'ai tout lieu de penser qu'il existe une identité par-
» faite dans nos opinions.

» Si M. Ceyras a *compromis* et *avili la dignité de ma-*
» *gistrat* , je l'ai comme lui compromise et avilie , car
» j'ai toujours fait au grand jour ce que je vous prie
» de rendre plus public encore , par la voie de votre
» estimable journal , et j'ai lieu d'être étonné de n'être
» pas en butte aux mêmes persécutions.

» Ce qui est punissable à Tulle , ne le serait-il pas
» à Aurillac ? ou M. le Garde des sceaux craindrait-il
» de ne point obtenir de la Cour de Riom, ce qu'il at-
» tend de la Cour de Limoges ?..... Nous verrons.....

» Agréez , etc.

» A. GAZARD ,
» Juge suppléant près le tribunal civil d'Aurillac,
» nommé immédiatement après la révolution
» de juillet, par ordonnance contre-signée par
» le vénérable Dupont, de l'Eure. »

Le contenu de cette lettre a paru à M. le Garde des
sceaux constituer à lui seul, un manquement grave aux
devoirs de magistrat, et j'ai été par son ordre cité à
comparaître par-devant la Cour royale de Riom, pour
donner des explications.

Dans ces circonstances, qu'avais-je à faire ? et quelle
couleur devais-je donner à ma défense ?

Si ma lettre a été bien comprise, l'on a dû voir que

je devais me borner uniquement à prouver qu'un magistrat pouvait, sans compromettre la dignité de son caractère, *souscrire* pour le paiement des amendes de la Tribune, *correspondre* avec la société *Aide-toi. le Ciel t'aidera*, et *faire partie* de l'association pour la liberté de
la presse. Je devais enfin *justifier* les termes de ma lettre. Pour atteindre ce but et obtenir un arrêt d'acquit-
tement, qui eut été pour la cause de la liberté d'une
si haute importance, je devais, ce me semble m'abstenir de paroles trop irritantes et de professions de foi
trop explicites, qui ne rentraient pas dans mon affaire,
qui en auraient indubitablement compromis le succès, et
qui eussent d'ailleurs été souverainement déplacées dans
le secret de huit-clos, en présence d'une assemblée composée toute entière d'hommes graves et rassis. Je reconnais aussi, que je ne devais désavouer rien de ce que
j'avais écrit, ni faire la moindre concession qui eut été
indigné de mon caractère et de mes convictions.

Si l'on se donne la peine de lire le plaidoyer qui suit;
on verra si ce double résultat a été obtenu.

Ce plaidoyer que j'ai écrit très-rapidement, composé
du moins en majeure partie dans une auberge, en pays
étranger, privé de documens qui m'eussent été sinon
indispensables du moins très-utiles, est certainement tout-
à-fait indigne de l'impression, et il ne serait jamais en-
tré dans mon esprit de le rendre public, si un article
qui a paru dans le Patriote, du 15 mai courant, n'avait
donné lieu à de fâcheuses inductions.

Cet article qui a été rédigé avec trop de précipitation,
laisserait penser, je l'avoue, que ma défense n'a pas été
ce qu'elle devait être, et ce qu'elle a été réellement. Je
ne dis pas mes ennemis, car je ne crois pas en avoir,
mais ceux qui ne partagent pas mes opinions politiques,
et de prétendus amis, comme on en voit tant, se sont
empressés d'y ajouter des interprétations fausses et ma-
licieuses qui m'ont péniblement affecté. Ils ont donné à
entendre que je n'avais montré que de la couardise, ou
ce qui serait pis encore, que j'avais renié mes princi-

pes politiques, qui ont certes une bien autre fixité que
les leurs.

Qu'on lise et qu'on juge, je n'ai rien changé ; mais
on voudra bien se rappeler qu'il ne s'agit aucunement
ici de mérite littéraire.

MESSIEURS,

Je n'envie ni ne dédaigne la popularité, et je ne cherche
point le scandale. En écrivant la lettre qui m'amène devant
vous, je n'ai point cherché à me donner une importance
que mon caractère et mes goûts ne me permettent point
d'ambitionner. Le fait qu'on m'impute n'a pas été le résultat
d'un calcul, mais d'une opinion consciencieuse que j'ai
cru pouvoir émettre sans crime et sans déroger à cette
dignité du magistrat, que je crois comprendre, qui m'est
chère comme à vous, Messieurs, et que je saurai toujours
respecter. Fort de cette conscience qui est le guide le
plus sûr que puisse choisir l'honnête homme qui veut
marcher dans les voies de la justice, je me présente devant
vous sans crainte, mais avec cette émotion naturelle à un
jeune homme, à un magistrat d'un rang inférieur, qui
paraît devant une assemblée aussi éminente par le mérite
des membres qui la composent, que par l'importance des
attributions que la loi lui a conférées.

Aussi, Messieurs, dans les explications que j'ai à vous
présenter, je serai grave et modéré, tâchant ainsi de m'é-
lever jusqu'à cette haute austérité de vertu, cette rigidité
de principes et de langage, qui caractérisent les magistrats
qui m'écoutent ; et si dans le cours de ces débats il s'échap-
pait de ma bouche quelques expressions qui ne seraient
pas dans les règles de la plus stricte convenance, je les
désavoue d'avance, et je prie la Cour de les attribuer à
une conviction profonde et inébranlable, à une certaine
fougue de jeunesse qui, j'ose le dire, prend sa source
dans quelque vertu, dans un âge qui ne s'est pas encore
frotté à la corruption et à l'égoïsme du siècle, et par-

dessus tout dans un cœur brûlé du saint amour de la patrie.

Mais ne vous attendez pas, Messieurs, à ce que, pour le besoin de ma cause, je fasse faiblir la dignité de mon caractère, et que je rende la déduction des faits moins logique et moins rigoureuse.

Certes, quand je me présente devant vous avec la conviction intime d'avoir rempli un devoir, quand je crois avoir mérité vos éloges, quand je me suis, moi pauvre suppléant, perdu dans la foule, volontairement offert aux coups d'un pouvoir injuste, pour conserver l'indépendance de vos toges, je ne viendrai point ici balbutier des excuses.

Mais si la Cour attend de moi des explications franches, loyales, complètes, je lui donne d'avance ma parole qu'elle sera satisfaite.

A Dieu ne plaise que cette cause doive se réduire aux étroites proportions d'un juge suppléant mandé devant vous pour une faute de discipline; cette affaire, Messieurs, doit se grandir de toute la hauteur de vos fonctions. La presse, ce grand et puissant levier que nous voyons de nos jours ébranler le monde, et faire entrer les générations nouvelles dans des voies de perfectionnement et de progrès inconnues à nos pères, la magistrature avec tout ce qui la rend respectable aux peuples et redoutable au pouvoir, c'est-à-dire, avec son indépendance; tout est ici en cause.

En jugeant un simple magistrat d'un grade très-inférieur, vous toucherez forcément à ces questions d'un ordre si élevé, et formerez ainsi un précédent dont le pouvoir s'armera peut-être, bientôt, contre vous-mêmes, ou un bouclier solide contre lequel viendront expirer ses agressions impuissantes.

Aussitôt que les peuples se réunirent en société, la magistrature fut créée, elle est en effet tellement de l'essence de l'ordre social, que sans elle cet ordre s'écroulerait subitement, et le jugement de la force remplacerait à l'instant celui de la sagesse.

« Organe de la puissance législative, » disait le vénérable Henrion-de-Pensey, « c'est l'autorité judiciaire qui » lui donne la vie et la met en action, c'est elle qui,

» faisant prévaloir les droits du plus faible sur les pré-
» tentions du plus fort, assure le règne de la loi et la
» paix entre les citoyens ; c'est elle qui forme la morale
» publique, en flétrissant les actions malhonnêtes et en
» retranchant de la société ceux qui en ont commis de
» criminelles. »

Les magistrats, Messieurs, juges des différens des
hommes, sont les représentans de Dieu sur la terre ; et
les peuples les ont entouré de tant de respect, qu'ils ont
voulu que leurs décisions fussent considérées comme le
vrai abstrait, le vrai par essence, *res judicata prò veritate*
habetur.

Mais pour que le magistrat puisse s'élever à toute la
hauteur de sa mission, une chose surtout lui est nécessaire, indispensable, je veux dire l'indépendance. Sans
indépendance, vous pourrez avoir des juges, des cadis,
qui n'agiront que sous l'inspiration du maître, mais vous
n'aurez point de magistrats.

Le législateur l'a si bien senti, que dans la loi fonda-
mentale il a écrit : les juges sont inamovibles.

Ce n'est pas à dire qu'à mes yeux inamovibilité veuille
dire impunité. Je reconnais avec Me Dupin que cette inamovibilité ne soustrait les magistrats ni à l'empire des lois
générales, ni aux jugemens de la magistrature elle-même ;
mais comme lui, je pense que cette sauve-garde du magistrat
a été créée pour le mettre à l'abri des caprices d'un ministre, et pour lui conserver, comme à tous les autres
citoyens, ce droit précieux de discussion et de contrôle,
d'autant plus imposant et redoutable au pouvoir, qu'il est
exercé par des hommes que la nation est plus habituée
à vénérer.

Et en effet, sous le régime de la Charte, quel est l'homme,
quel est le parti qui oserait, qui aurait même la volonté
de s'attaquer au magistrat, à son indépendance, aussi
précieuse pour les citoyens, que pour le magistrat lui-
même. Reconnaissons donc d'abord et posons en principe
que l'inamovibilité de la magistrature n'a été instituée que
pour maintenir son indépendance lorsqu'elle serait en op-

position avec un pouvoir ombrageux ou anti-national. De là suit pour elle le droit, je dis plus, le devoir de résister lorsqu'elle voit que le Gouvernement se précipite dans des voies d'illégalité ou d'arbitraire.

Et ne savons-nous pas, Messieurs, que le pouvoir a toujours cherché à faire considérer toute opposition à ses volontés, toute résistance à ses caprices les plus désordonnés, que la magistrature s'est quelquefois et avec raison permise, comme un manquement grave à ses devoirs, comme une espèce de rebellion envers la royauté. Mais tout en la calomniant ainsi, il sentait bien qu'elle n'avait en vue que le bien de l'Etat et l'intérêt bien entendu de la monarchie. C'est ainsi qu'elle comprenait les intentions de la magistrature, cette femme de l'ancienne aristocratie privilégiée, lorsqu'elle disait : « Ces magistrats sont infectés » de l'amour du bien public. » Ces paroles, Messieurs, échappées à l'ingénuité d'une femme, résument les intentions et la conduite de la magistrature, et *les intentions et la conduite* du pouvoir.

Après ces considérations générales, abordons le fonds de l'affaire.

J'ai promis des explications franches, loyales, complètes, je vais les donner.

Je commencerai, Messieurs, par vous rendre compte des motifs qui m'ont engagé à écrire ma lettre. J'examinerai ensuite si, en faisant ce qui y est rapporté, j'ai pu moi, magistrat, compromettre la dignité de mon caractère, manquer à mes devoirs et à mes sermens. Nous verrons ensuite si les termes de ma lettre ne sont pas suffisamment motivés par la conduite du Gouvernement ; si je ne me suis pas tenu dans les bornes d'une opposition, chaleureuse il est vrai, mais permise et légale ; et si de ces termes eux-mêmes peut résulter, comme le prétend M. le Garde des sceaux, un manquement grave aux devoirs du magistrat. Enfin, je jetterai un coup d'œil rapide sur la législation de la matière, et j'examinerai si elle peut s'appliquer à ma cause.

Je vais commencer par rendre compte à la Cour, des motifs qui m'ont engagé à écrire ma lettre.

Un n° du journal le Patriote, me tombe sous la main, et j'y lis : « M. Ceyras, juge à Tulle, vient d'être cité, » par ordre de M. le Garde des sceaux, à la requête de » M. le Procureur général, à comparaître par-devant la » Cour de Limoges, pour avoir, comme souscripteur aux » amendes de la Tribune, comme correspondant de la » société Aide-toi, le Ciel t'aidera, et comme membre » de l'association Corrézienne, compromis et avili la dignité » de son caractère de magistrat, manqué à ses devoirs » et à ses sermens. On requiert contre lui une suspension » de deux ans. »

Ce fait m'étonne d'abord, et je me dis à part moi, mais je suis coupable de tout ce qu'on impute à M. Ceyras, si culpabilité il y a. Comme lui, me dis-je, j'ai souscrit pour le paiement des amendes de la Tribune, comme lui j'ai correspondu avec la société Aide-toi, le Ciel t'aidera, comme lui je fais partie d'un comité d'association pour la liberté de la presse ; est-ce que par hasard, et sans m'en douter, j'aurais aussi compromis et avili la dignité de mon caractère de magistrat, manqué à mes devoirs et à mes sermens ?

Examinons. J'examinai donc, et je vous le dis sans réticence aucune, et dans toute la candeur de mon ame :

Voici quel fut le résultat de mes réflexions.

Le pouvoir, me dis-je, vient de destituer plusieurs fonctionnaires estimables ; un Ministre vient de dire à la tribune nationale que le Gouvernement ne veut permettre dorénavant aux députés fonctionnaires qu'une opposition silencieue. Mais ce n'est pas seulement aux députés fonctionnaires qu'il veut interdire toute opposition, puisqu'il impute à crime à un juge inamovible des actes, que chaque citoyen peut se permettre sans contrevenir à aucune disposition légale.

Il doit désormais demeurer pour démontré même aux gens les moins clairvoyans, que nos gouvernans persistant à marcher dans des voies contre-révolutionnaires, veulent

s'attaquer à tout ce qu'il y a de plus saint, de plus sacré
dans ce monde, à cette indépendance de la magistrature
inamovible, à cette liberté du magistrat qui est la garantie
de toutes les autres, qui mit si souvent les priviléges du
peuple à l'abri des attaques de la royauté, et qui la première éveilla l'attention de la nation sur les projets liber-
ticides, que la restauration n'avait cessé de tramer contre
elle. Attention donc, me dis-je; et si le modeste emploi
que tu dûs à quelque patriotisme montré sous la restauration et pendant la révolution de juillet, peut être utile
à l'indépendance de cette magistrature dont tu fais partie,
et à laquelle on ose essayer de porter des atteintes; fais
ce que dois, advienne que pourra.

Je me dis encore : le Ministre a pris pour but de ses
attaques un magistrat ignoré, perdu au fond d'une province;
il pense que le procès inique qu'il fait intenter passera
inaperçu, et il espère peut-être se faire de l'arrêt de la
Cour de Limoges un précédent pour frapper des victimes
plus élevées, et qui lui donnent bien d'autres embarras
que M. Ceyras ; il a peut-être fait sonder l'esprit de la
Cour de Limoges ; il a peut-être fait agir sur elle toute
la puissance de son action (car si je me refuse à croire
que des magistrats puissent se laisser corrompre, il n'est
que trop vrai qu'il est souvent fort difficile de résister
aux séductions de l'ambition, à l'amour des distinctions,
de l'avancement), peut-être triomphera-t-il ! et qui peut
calculer la portée d'une première victoire ?

La Cour de Riom, pensai-je, a toujours joui d'une
grande réputation d'indépendance ; elle compte dans son
sein une foule de magistrats intégres et éclairés, il est
impossible qu'on les fasse jamais transiger avec leurs con-
sciences. Appelle sur ta tête les persécutions du pouvoir ;
s'il est conséquent, il sera obligé de poursuivre un magistrat qui s'avouera coupable de tout ce qu'il impute à
un de ses collégues, et peut-être obtiendras-tu de la Cour
de Riom un arrêt qui contre-balancera celui de la Cour
de Limoges, si par malheur cette Cour venait à faillir.
Dans tous les cas, tu trouveras dans ta conscience, dans

l'estime de la magistrature et de tes concitoyens un ample dédommagement des tracasseries et des embarras que tu pourras éprouver. A l'œuvre donc : je pris la plume, et j'écrivis ma lettre. Relisez-la, Messieurs, et voyez si elle peut être attribuée à d'autres motifs.

Voyons maintenant si des trois faits contenus dans cette lettre, pris isolément ou collectivement, il résulte que j'ai compromis ma dignité ; manqué à mes devoirs et à mes sermens.

Commençons par reconnaître qu'on ne peut donner à ces faits une extension exorbitante, et en déduire des conséquences qui n'auraient pas été dans mon intention ou ma volonté. Il faut les prendre tels qu'ils sont, et pour les bien comprendre, s'en rapporter jusqu'à un certain point aux explications que j'en donnerai, car je ne viens pas ici pour les atténuer ou les dissimuler.

Et d'abord, j'ai reconnu avoir souscrit pour le paiement des amendes de la Tribune. Serait-ce un crime ? Et la bienfaisance, quelque manteau qu'elle prenne, à quelque personne qu'elle s'applique, ne serait plus de la bienfaisance, et pourrait compromettre la dignité d'un magistrat? De ce que j'ai souscrit pour la Tribune, il ne s'ensuit pas que je partage les opinions de ce journal, et je n'ai pas à m'expliquer ici sur la question de savoir si je professe oui ou non des principes républicains ; il ne faut voir que le fait de souscription en lui-même ; et serait-ce une conséquence logique, que de dire que je suis républicain, par cela seul que j'ai apporté une modeste offrande à un journal républicain.

Quoi, ne doit-on pas aider son frère quoique égaré, quoique coupable? N'est-ce pas là la véritable charité, la charité bien entendue, la charité évangélique? De ce que je fais l'aumône à un voleur, pouvez-vous induire que je suis un voleur moi-même. Est-ce à dire parce que, moi juré, je ferai une collecte au profit d'un assassin, d'un meurtrier, que je suis meurtrier et assassin? M. de Chateaubriand souscrit pour la Tribune, est-ce à dire que M. de Chateaubriand est républicain, et parce que la Gazette de France lui enverra 1,000 fr., s'ensuit-il qu'elle professe les mêmes doctrines ?

Voyez, Messieurs, parcourez les listes des souscripteurs, vous y verrez figurer en masse les journaux de toutes les couleurs, hormis les ministériels, qui sont obligés de s'abstenir par ordre. Vous y verrez figurer des hommes de toutes les opinions, les personnages les plus éminens par caractère et par position, des députés, des magistrats, de hauts fonctionnaires ; vous y verrez M. Bavoux, conseiller-maître à la Cour des comptes, M. de Podenas, naguère du mouvement, aujourd'hui de la résistance, et tant d'autres qu'il est inutile de nommer.

La souscription Laffite est quasi séditieuse aujourd'hui, qui nous repond qu'elle ne le sera pas tout-à-fait demain.

Lors même que je voudrais tout ce que demande le général Bertrand, la fleur de l'Ecole polythecnique, qui termine tous ses discours, en formant des vœux pour la liberté illimitée de la presse, serais-je coupable?

Si le Journal des Débats ou le Nouvelliste étaient poursuivis, je le suppose (et il est évident que ce sera toujours une supposition), si ces journaux, dis-je, étaient poursuivis pour avoir attaqué la souveraineté du peuple mise en principe, à la suite de la révolution de juillet ; pensez-vous que si M. Persil ou tout autre souscrivait pour le paiement de l'amende ; pensez-vous, dis-je, qu'il serait poursuivi disciplinairement par la Cour suprême pour avoir attenté lui-même à la souveraineté du peuple.

Il suit de ce que je viens de dire que les hommes des opinions les plus diverses et les plus éminens par caractère et par position, souscrivent pour les journaux, et ne croient pas pour cela manquer à leur dignité ; ils souscrivent parce qu'ils veulent que toutes les opinions soient discutées, développées, parce qu'ils sentent que de cette discussion doit jaillir la lumière. La lumière et la discussion ne peuvent porter ombrage à la liberté, elle ne la craint pas, parce qu'elle est fondée sur le vrai : le despotisme seul la redoute, et en me faisant un crime d'un fait qui n'a pour but que de favoriser la discussion, on me ferait croire que nous vivons sous un régime qui ne peut la soutenir, que nous vivons sous un régime de despotisme et de déception.

D'ailleurs, Messieurs, des précédens ont déjà établi qu'un fait de souscription est fort innocent, et ne peut devenir l'objet d'aucune critique.

Mᵉ Dupin parlant dans l'affaire Fouquet, s'occupa à peine de ce que M. Fouquet avait souscrit pour la Gazette de France, et tout récemment encore la Cour de Limoges vient de décider que M. Ceyras ne pouvait devenir l'objet d'aucune critique, pour avoir souscrit pour la Tribune.

Concluons de tout ce que je viens de dire qu'un fait de souscription n'a rien de mauvais en lui-même, qu'un magistrat peut se le permettre, sans manquer en aucune manière à ses devoirs et à sa dignité.

Passons au deuxième fait. J'ai correspondu avec la société *Aide-toi, le Ciel t'aidera* : pour bien apprécier ce fait, la première chose à connaître, ce me semble, c'est cette société elle-même, et nous devons commencer par nous fixer sur son esprit, son but, ses moyens.

S'il demeure pour constant au procès que cette société ne conspire pas, mais se tient renfermée dans les bornes d'une opposition permise, légale, parlementaire, il s'ensuivra que je n'ai manqué ni à ma dignité, ni à mes sermens, en correspondant avec une société qui marche toujours sur un terrain de légalité.

En 1819, la France après avoir supporté pendant quelque tems l'occupation étrangère, se trouva de nouveau face à face avec les Bourbons; elle ne tarda pas à s'apercevoir que cette famille, qu'elle avait à diverses reprises expulsée de son sol, était définitivement incorrigible, et que les leçons de l'exil ne lui avaient pas profité. Elle la vit avec colère maintenir le principe de droit divin, tâcher de faire oublier la république et l'empire, sous le vain prétexte de renouer la chaîne des tems, et répudier la gloire que ces deux époques avaient fait réjaillir sur la nation.

Le peuple Français, si actif, si pénétrant, qui croyait
avoir le droit d'imposer ses conditions, s'aperçut bientôt que cette famille regrettait le petit nombre de libertés et de priviléges qu'elle s'était cru obligée d'accorder
et d'écrire dans la Charte. Il vit que chaque jour elle
s'efforçait de les annihiler, de les détruire, voulant évi-
demment nous ramener au point d'où nous étions partis
en 89. Cette marche rétrograde, cette tendance contre-
révolutionnaire que je pourrais prouver par des actes nombreux, et que je ne fais qu'énoncer en passant, effraya
les esprits; la France se couvrit de sociétés secrètes qui
étaient en conspiration permanente, et qui avaient pour
but le renversement des Bourbons. Au nombre de ces
sociétés, il faut surtout compter le Carbonarisme, qui
fit en peu de tems d'immenses progrès. Mais par suite
du résultat de quelques tentatives infructueuses, l'on s'aperçut que l'on ne pouvait pas attendre de grands avantages
de ces marches ténébreuses, et quelques patriotes qui
se souciaient peu des personnes, pourvu que la nation
jouit d'une somme de libertés suffisante, formèrent la
société *Aide-toi*, *le Ciel t'aidera*. Elle marcha au grand
jour, et s'appuyant toujours sur la loi, elle s'attacha à
créer des entraves au pouvoir, à l'embarrasser dans sa
marche rétrograde. Son but connu et avoué était d'éclairer le peuple et les électeurs à l'aide de brochures et
de journaux, de pousser la nation dans la voie du progrès; elle s'attachait surtout à contrarier l'action funeste
du pouvoir sur les élections, et à appuyer de l'influence
que lui donnaient les journaux et ses nombreux corres-
pondans, les candidats à la députation, qui partageaient
ou se rapprochaient le plus de ses opinions. Cette tac-
tique réussit, et l'on peut dire qu'elle prit une grande
part à l'élection et réélection de ces 221, qui en refusant
leur concours au ministère Polignac, précipitèrent encore une fois les Bourbons de leur trône.

Tel était alors l'esprit et le but de cette société; il n'a
pas changé depuis. Après la révolution de juillet elle a
remis la main à l'œuvre, lorsqu'elle s'est apperçue de

la marche contre-révolutionnaire de nos gouvernans. Ce qu'elle veut, ce qu'elle a toujours voulu, ce sont les conséquences naturelles de la révolution de juillet, la réalisation des promesses faites ; elle veut le Programme de l'Hôtel-de-Ville : *un trône populaire, entouré d'institutions républicaines*. Elle veut enfin une Monarchie populaire, écoutant les vœux de la nation, et y faisant droit.

Comme d'ailleurs cette société ne cache ni sa marche, ni son but, ni ses moyens ; que ses membres ne peuvent encourir la moindre punition, puisqu'ils ne violent jamais les lois, je vais vous donner connaissance d'une circulaire signée, Garnier-Pagès, à la suite de laquelle se trouve un rapport fait à la séance du comité de Beaumont-le-Roger, département de l'Eure ; rapport que le comité de Paris présente dans sa circulaire, et qui me paraît être en effet l'exposé le plus fidèle de ses moyens, de son esprit et de son but.

Je ne vous lirai que les deux derniers paragraphes, qui contiennent l'exposition des principes de la société depuis la révolution de juillet. Ils sont ainsi conçus :

« Nous pensions qu'après avoir proclamé la souveraineté
» du peuple, et pourvu par une organisation provisoire à ce
» qu'exigeaient le bon ordre et le maintien de la tranquillité,
» la Chambre n'avait plus à s'occuper que d'une loi qui
» permit enfin à tous les citoyens de concourir à la nomina-
» tion de leurs mandataires, et par eux à la constitution
» du pays. Alors le peuple eut véritablement exercé sa
» souveraineté, et se fut attaché à des institutions qui
» eussent été son ouvrage. Mais les députés, oubliant
» qu'ils tenaient leur mandat d'une bien faible minorité
» de la nation, beaucoup même du double vote de l'a-
» ristocratie, les députés, dont quelques-uns peut-être
» étaient jaloux de montrer plus tard leur empressement
» servile, se hâtèrent d'établir un Gouvernement, et de
» et de donner un nouveau Chef à l'Etat ; et pourtant,
» Messieurs, il me semble peu douteux, qu'alors comme
» aujourd'hui, l'immense majorité se fut prononcée pour

» le programme, si tôt oublié, de l'Hôtel-de-Ville : *une*
» *monarchie, entourée d'institutions républicaines.*

» Telles sont, Messieurs, les idées politiques qui do-
» minent dans la société *Aide-toi, le Ciel t'aidera.* Et quant
» il serait vrai qu'elle compterait parmi ses membres
» quelques-uns de ees logiciens inébranlables qui pen-
» sent que la république est le seul Gouvernement où le
» peuple exerce sa souveraineté, pourraient-ils être dan-
» gereux dans une société où l'on agit et ne délibère
» point, où les membres n'ont entr'eux, de lien que celui
» qui résulte de lettres dans lesquelles on rend compte
» des événemens politiques, en échange de brochures
» qui tendent à éclairer et à guider l'opinion ; enfin dans
» une société qui proclame la liberté progressive par des
» moyens légaux ? Loin de redouter la coopération de
» ces esprits forts et candides, je ne doute pas que vous
» ne les adopteriez comme des frères. Et si jamais, par
» les seuls moyens que la société reconnaisse, la voie
» légale, ils parvenaient à pouvoir conduire la France
» à la réalisation de leurs doctrines, sans violence ; ah !
» vous seriez les premiers à vous en féliciter comme d'un
» progrès immense, puisqu'alors tous les citoyens auraient
» acquis ce degré de lumière, cette volonté forte et ce
» désintéressement sans lesquels la république est im-
» possible ! »

Ainsi donc de la part de cette société, opposition au
Gouvernement, mais opposition permise, légale, parlementaire ; elle ne conspire pas ; elle aide le progrès ;
elle ne veut pas renverser violemment ce qui est, elle
veut des développemens successifs qui placent la France
à la tête de ce mouvement immense qui agite notre globe,
et qui doit faire entrer les peuples dans des voies de
perfectionnement instinctivement désirées, quoiqu'encore
imparfaitement comprises.

Et ne ne voyez-vous pas, Messieurs, que le douté
s'est glissé partout ; on a été si souvent déçu ; on est
obligé de mépriser ou de prendre en pitié tant d'hommes que l'on était habitué à vénérer, que l'on en est

venu jusqu'à douter de la vertu même. Réligion, insti-
tution, morale, littérature, tout est remis en discussion ;
l'Europe est au creuset, elle est travaillé d'un mal qu'il
est plus aisé de sentir que de définir : elle est comme
disent les Saints-Simoniens dans un moment d'époque critique ; elle formule quelques idées qu'il ne nous sera
pas donné peut-être de voir mettre en application; mais
ne voyez--vous pas, Messieurs, de l'utilité à ce que
quelques bons esprit prenant part à cette vaste impul-
sion, qui depuis 89 a été donnée au monde, l'étudient,
la dirigent, et lui disent à tems : tu n'iras pas plus loin.

Il faudra au moins convenir que si j'ai péché en correspondant avec la société *Aide-toi*, j'ai péché en bien
bonne compagnie. Quoi, c'est M. le Garde des sceaux
Barthe qui veut me faire un procès pour avoir correspondu avec une société dont il était jadis une des plus
fermes colonnes !

Est-ce la société, ou M. Barthe qui a renié ses principes ? en vérité je n'ose décider.

Mais si c'est un crime d'être affilié à cette société,
pourquoi M. Barthe s'attaque-t-il à d'aussi minces personnages que M. Ceyras et moi? que ne frappe-t-il de
plus nobles victimes, l'effet en serait bien plus puissant,
bien plus salutaire ? que ne frappe-t-il M. Ber......
avocat général à la Cour royale de Paris ! MM. Ber.....
et Mér....., tous deux conseillers en la même Cour;
il y certainement matière à réquisitoire, et s'il se sent
en verve de censure, il trouvera plus de trente conseillers
ou présidens de diverses Cours du Royaume, trois ou
quatre pairs de France, plus de vingt députés, plusieurs membres de l'institut, etc.

Et s'il veut rétroagir tant soit peu, il pourra commencer par se censurer lui-même, puis il en viendra à
MM. Gui..... et de Bro..., ses collégues ; puis il
passera à M. de Mont......., l'intendant de la liste
civile, puis à M. Mad...-Mont...., jadis censuré avec
réprimande, aujourd'hui censeur et réprimandeur, puis
il trouvera M. Ver..., juge au tribunal de Troyes, et

député de l'Aube, puis M. En..., président du tribunal de Montreuil-sur-Mer, puis M. Bouf..., juge d'in-
struction à Argentan, puis M. Clap., substitut à Marseille, puis M. Had..., juge à Marseille; enfin, il faudra en venir jusqu'à ce dévoué M. Gis..., si fameux
par ses marchés de fusils, car il n'a cessé de faire partie
de la société qu'en entrant à la police.

Vous conviendrez avec moi, Messieurs, qu'il n'est pas
étonnant que j'aie pu croire que je pouvais, sans compromettre ma dignité, correspondre avec une société que
je savais se tenir toujours sur un terrain de légalité et
à la tête de laquelle je voyais figurer les hommes de France
les plus éminens en patriotisme et en dignité, alors surtout que cette société n'a jamais été poursuivie judiciairement.

Passons au troisième fait, je fais partie d'un comité
d'association pour la liberté de la presse.

Il est inoui qu'on me fasse un crime de faire partie
d'une association, dont les moyens et la fin sont évidem-
ment dignes d'éloges. Son nom vous dit son esprit et
son but. C'est une réunion de citoyens qui prélèvent
quelques fonds sur leurs épargnes, pour venir au secours
de la presse et pour concourir à payer les rigoureuses
amendes dont elle se voit tous les jours frappée. Cette
association ne conspire pas plus que la société *Aide-toi,
le Ciel t'aidera*; et il est à remarquer que le Courrier
français qui n'est pas un journal républicain, a appelé
le premier les citoyens à l'association. Ce journal contient dans son numéro du 24 août dernier, un article
d'un député qui explique fort bien le but de l'association : c'est une souscription en faveur de la presse prise
collectivement. Je ne pourrais que répéter ici ce que
j'ai dit à propos de ma souscription pour la Tribune,
en remarquant que mes torts, si toutefois il en exis-
tait, seraient bien moins graves dans ce dernier cas ; car
je suis certainement moins coupable en souscrivant pour
la presse en général, que pour un journal qui professe
des doctrines entièrement opposées à celles du Gouver-

2

nement. M'objectera-t-on que c'est une association, et que, comme magistrat, je ne dois pas en faire partie. Je répondrai que c'est une association des plus inoffensives, des plus louables, puisqu'elle a la bienfaisance pour but ; qu'elle n'a jamais été poursuivie, et qu'elle ne peut l'être, car elle ne rentre même pas dans les termes de l'art. 291 du Code pénal, de cet article que le ministre Guizot déclarait mauvais en 1830 à la Tribune nationale, dont le jury a reconnu l'inapplication dans le procès des Amis du peuple, et encore dans celui des Saints-Simoniens ; qu'ici encore j'ai été encouragé par de grands exemples et par l'impunité ; je répondrai que nous avons vu des associations bien plus hostiles au Gouvernement, et dont les membres n'ont pas été poursuivis. Ainsi, nous avons vu M. Bav...., conseiller-maître à la Cour des comptes, MM. Chard... et Bern..., conseillers à la Cour de cassation, faire impunément partie du comité central de l'association nationale pour l'expulsion de la branche aînée des Bourbons, de cette association dont le Gouvernement se scandalisa si fort, et qu'il regardait, non sans raison, comme une preuve et une manifestation de défiance sur ses intentions et sa bonne foi, et pourtant, indépendamment des magistrats que je viens de nommer, M. Port......, vice-président à Paris, M. Charp...., premier président à Metz et un grand nombre d'autres magistrats ne crurent point déroger à leur dignité en entrant dans l'association.

Sous la restauration n'avons-nous pas vu une foule de magistrats, qui occupent aujourd'hui les premières dignités de l'Etat, faire partie de sociétés secrètes, qui étaient en conspiration permanente contre le Gouvernement d'alors.

Ainsi M. A...., alors substitut, aujourd'hui conseiller à la Cour royale de Paris, était en 1816 président de la société des francs régénérés, société composée d'ultra-royalistes. Le Gouvernement essaya vainement de détruire cette société occulte, elle subsista malgré un arrêté de M. le Garde des sceaux.

M. de Gré...., ex-président de chambre à la Cour de Rennes, a été vice-président de l'association pour la propagation de la foi, dont les journaux ont publié dans le tems les statuts et la composition. Il était de plus congréganiste comme une foule d'autres magistrats.

M. de Brog..., aujourd'hui ministre, a été membre et je crois président de la société des amis de la liberté de la presse, qui fut poursuivie sous la restauration.

Enfin M. de Sch...., alors conseiller à la Cour royale de Paris, MM. Laf...., Dup.... de l'Eure, Odil...- Bar...., Ber...., Berv...., Bar...., Mer...., étaient membres de la vente suprême des Carbonari.

De nos jours n'avons-nous pas vu le journal des Débats dire mille horreurs du compte-rendu, notamment que la pensée en avait été très-bien rendue par des coups de fusils.

Le 9 avril 1833, M. le comte Jaubert a dit à la Chambre, que c'était un acte extra-parlementaire, anti-parlementaire, un acte d'accusation contre la majorité et le Gouvernement, un appel aux passions furieuses du dehors qui y ont repondu, et qu'après sa publication on en avait vu dans les rues de la Capitale le sanglant commentaire. Eh bien! MM. Nicod, avocat général, Bernard et Merilhou, conseillers à la Cour de cassation, Félix Réal, avocat général à Grenoble, Charpentier, premier président à Metz, Gouves-de-Nuncques et Taillandier, conseillers à la Cour royale de Paris, Portalis, vice-président du Tribunal de la Seine, ont signé cet acte et n'ont pas été inquiétés.

Enfin, les légitimistes aussi s'organisent : on lit dans leurs journaux qu'une commission prise parmi les membres de l'association d'émancipation catholique et de réforme parlementaire, a été formée afin de préparer l'organisation du grand comité central. Cette commission est composée de MM. le duc de Fitz-James, de Brézé, Berryer, vicomte d'Ambray, vicomte de Cony, de Brian, de Genoude.

De tout cela ne doit-on pas induire que l'association

pour la liberté de la presse, instituée pour secourir la presse que nous voyons tous les jours poursuivie avec tant d'acharnement, ne peut devenir l'objet d'aucune critique.

Si ces trois faits pris isolément ne présentent pas le moindre manquement aux devoirs et à la dignité du magistrat, il sera fort difficile, ce,me semble, d'en faire résulter un de leur réunion, et en les considérant collectivement, car tous les trois présentent entr'eux une grande connexité, et on y voit prédominer cette idée que celui qui souscrit pour les journaux, fait partie de la société Aide-toi ou de l'association pour la liberté de la presse, porte un grand intérêt à la presse en général, désire qu'elle reçoive de grands développemens, sans qu'on puisse en induire qu'il partage les opinions de tel ou tel journal, qui professerait des idées subversives de l'ordre établi. Or, ce n'est pas une idée subversive de l'ordre établi que de vouloir la liberté de la presse, de la vouloir même illimitée, comme le général Bertrand ; car on peut penser, sans être taxé de folie ou d'exagération, que dans cette liberté illimitée, il y aura sans doute du mal et des erreurs ; mais à côté se trouveront le bien et la vérité, et comme la raison humaine doit être comptée pour quelque chose, il s'ensuivra que le bien et la vérité sortiront vainqueurs de ce grand conflit d'opinions, et qu'en somme on doit préférer un mode qui, à côté de quelques vices, offre de grands et d'immenses avantages, à celui qui présentant d'aussi graves inconvéniens d'un autre genre, n'offre pas d'utilité réelle, et doit mettre nécessairement obstacle aux prodigieux progrès qui se préparent pour l'humanité toute entière.

De tout ce que j'ai dit, il suit que l'on ne devrait pas faire une petite guerre aux amis de la liberté de la presse, et qu'il est au moins souverainement ridicule qu'elle soit faite par ceux-là précisément qui pendant quinze ans se sont donnés pour ses plus fermes soutiens et ses plus habiles défenseurs.

Examinons maintenant la lettre elle-même, et voyons si de sa contexture et de ses termes, il peut résulter un

manquement grave ou même léger aux devoirs du magistrat. (*Ici j'ai lu ma lettre*).

Vous voyez, Messieurs, que je commence par citer un
passage d'un numéro du Patriote, du 3 avril dernier,
et qu'il sert de thême à ma lettre.

Comme je n'ai l'intention de rien dissimuler, j'avoue-
rai que d'un bout à l'autre elle contient un blâme sévère
des actes du Gouvernement. On s'aperçoit qu'elle est écrite
par un homme indigné de la conduite du pouvoir vis-à-
vis d'un de ses collégues, à propos d'actes, dont je
vous ai démontré l'innocence.

Oui, j'étais et je suis indigné de ce que le Ministère
s'attaque à tout ce qu'il y a de plus saint et de plus sacré, à
l'indépendance de la magistrature.

Oui, j'ai dit et je répète que le pouvoir sorti des bar-
ricades voudrait, comme l'empire, réduire la magistrature à cette opposition silencieuse, si commode pour lui,
mais qui rendrait le magistrat qui n'aurait pas le courage
de résister, l'objet du mépris public.

Oui, j'ai protesté et je proteste encore contre cet acte
de brutalité ministérielle.

Oui, depuis que j'ai été convaincu que le pouvoir vou-
lait nous ramener en arrière; depuis que j'ai été convaincu qu'il voguait à pleines voiles vers cette mer ora-
geuse, où est venu s'abîmer la branche aînée des Bourbons, je n'ai cessé de faire aux actes du Gouvernement
l'opposition la plus vive.

Je l'ai fait, je l'ai dû; je n'aurais pas ma propre estime, si je n'avais pas obéi à mes convictions.

J'ai dit que nous étions régis par un système odieux;
j'ai qualifié de criminels les actes du pouvoir, je l'ai dit
et je le maintiens; je fais plus, je le prouve.

Rappelez-vous, Messieurs, cette glorieuse révolution de
1830, naguère l'admiration de tous, aujourd'hui baffouée,
dénigrée, calomniée. Elle apparut à la France, ivre de
bonheur, comme un jour sans nuage, qui devait lui ouvrir
une ère nouvelle de gloire, de liberté, de prospérité ma-
térielle, la consoler du sang versé sous la république, du

despotisme de l'empire, de la honte de la restauration. Les peuples de l'Europe la saluèrent d'un long cri d'amour ; ils crurent entendre sonner l'heure de leur délivrance, et les applaudissemens partis des bords de la Seine, se répétèrent sur les bords du Gange.

Heureux présages ! trompeuses illusions ! quelle triste réalité vous a succédé !

Je ne me défends plus, j'attaque ; que le pouvoir réponde ! a-t-il parcouru les glorieuses routes qui s'ouvraient alors devant lui ? à l'extérieur, a-t-il été noble et digne ? à l'intérieur, a-t-il tenu les promesses faites au vénérable vieillard, dont la gloire ne se borne pas à remplir un monde ?

Presqu'à son apparition, la Monarchie d'août nous fit prévoir les voies funestes dans lesquelles elle allait s'engager.

Alors que plusieurs millions d'hommes étaient armés déjà pour sa défense, elle se laisse insulter, sans mot dire, par un grand Empereur et un petit Duc.

Un peuple voisin s'émeut à notre voix ; à notre exemple, il expulse de son sol le tyran qui l'opprime, et s'offre à nous pour partager nos dangers et notre gloire ; mais on le rejette, et peut-être pour maintenir le plein rapport des mines d'Anzin, la politique de quatre siècles de la monarchie française est reniée.

On fait grand bruit ; on proclame avec emphase un principe qui doit mettre à l'abri des coups des despotes coalisés, toutes les révolutions amies de la nôtre ; sur la foi de nos promesses, la superbe, la poétique Italie s'insurge ; le ministre Sébastiani vient dire à la Tribune que la France ne permettra pas l'intervention ; mais malgré cette assertion, l'Autriche qui juge déjà à leur juste valeur les rodomontades de nos hommes d'Etat, l'Autriche intervient, et la France demeure impassible : le ministre, interpellé sur cet oubli de ses propres principes, vient dire à la Chambre qu'autre chose est de faire la guerre ou de ne pas permettre. Certes cette pitoyable excuse méritait bien que le général Lafayette lui répondit que lorsque le peuple Français a dit une fois qu'il ne permettra pas , et que l'on contrevient à ses volontés, il doit jeter son épée dans la balance, pour la faire pencher vers ses amis.

Vous parlerai-je, Messieurs, de cette héroïque Pologne, de ce peuple de héros, qu'on a appelé avec tant de raison les Français du nord, et qui, du Nil au Boristhène, a laissé les os de ses enfans, morts pour la France, dispersés sur plus de vingt champs de bataille ?

Vous parlerai-je de leur Capitale prise d'assaut, noyée dans le sang, et de nos gouvernans qui pour nous consoler, viennent nous dire : *l'ordre régne à Varsovie*?

Avec quelle amertume ils ont dû répéter, ces braves, leur douloureuse devise qui, malgré notre lâche abandon, leur est encore si chère: *c'est le sort de la Pologne , de mourir pour la France.*

Et cette nationalité que les Chambres et la Couronne avaient garantie, qu'est-elle devenue ? Elle est parquée en Sibérie.

A chaque promesse faite à la nation, les événemens sont venus donner un démenti, et notre ministère a cru se faire excuser en proclamant cette lâche, cette égoïste maxime, que la nation désavoue : le sang Français ne doit couler que pour la France, et encore, il n'a même pas tenu cette promesse, tant son système fourmille de contradictions et d'inconséquences, car le sang Français vient de couler à Anvers, et ce n'est pas pour la France, c'est pour un préfet Anglais, gendre de notre roi.

Je me borne à ce simple apperçu de notre politique extérieure, car il serait par trop long d'énumérer toutes les fautes; mais il est évident que j'ai pu dire qu'à l'extérieur, la conduite du pouvoir a été odieuse et criminelle, et que les véritables intérêts du pays ont été méconnus.

A l'intérieur, qu'a-t-on fait? je glisserai rapidement, car je n'en finirais pas.

Le principe de la souveraineté du peuple a été foulé aux pieds.

Les institutions républicaines promises, refusées.

Les promesses de Louis-Philippe, désavouées par le ministre Perrier, malgré l'affirmation contraire du vénérable Lafayette.

Les chouans ménagés, les légitimistes caressés.

Des ouvriers, des agens de police embrigadés pour assommer une jeunesse inoffensive.

Les patriotes fonctionnaires, destitués; les patriotes députés, calomniés; les patriotes gardes nationaux, désarmés; les patriotes journalistes, jetés dans les cachots.

La vie des hommes, au bout de l'épée des sergens de ville.

Les places publiques abreuvées du sang des citoyens, sans sommation préalable.

L'impopularité érigée en système gouvernemental.

Les hommes qui possédaient la confiance du peuple, les Lafayette, les Dupont, les Salverte, les Laffitte, honteusement chassés par les manœuvres de la doctrine.

Le sol Français, devenu inhospitalier pour les plus nobles infortunes.

Les assassinats du Pont-d'Arcole impunis, et un journal ministériel disant le lendemain de ce jour déplorable, la république a fait le plongeon.

De prétendues conspirations et assassinats ourdis par la police, s'évanouissant en fumée, tombant sous les verdicts du jury, au bruit des sifflets.

L'asile des citoyens violé, fouillé; les papiers de famille, les secrets du foyer, la réputation des Français, à la merci de la police.

Le système des douanes, demeuré intact, les prohibitions commerciales, conservées pour favoriser l'industrie de quelques hommes puissans.

Les monopoles odieux à la nation, maintenus; les presses, brisées avant la publication des journaux, c'est-à-dire avant tout délit.

Des ministres courtisans, répudiant le titre glorieux de citoyen, et s'infligeant à eux-mêmes la flétrissante épithète de sujet.

Les gardes nationales des villes patriotes, licenciées : celle de ma ville natale a été désarmée pour avoir voulu donner au prince royal quelques conseils utiles.

Une liste civile faite plûtot pour satisfaire les goûts d'un prince oriental, que pour subvenir aux besoins modestes d'un roi citoyen, et avec cela une foule de palais, de châteaux, dont le moindre suffirait pour recevoir 1500 hôtes, et des forêts si vastes, qu'elles couvrent 150 lieux carrées de pays.

Avec cela encore, le don joyeux de neuf millions d'excédant, que le roi avait perçu de trop, sur lesquels il est juste de retrancher soixante mille francs distribués aux cholériques de Paris.

Un million, qui eut suffi à la dotation de 2000 écoles primaires, accordé à un jeune homme de vingt ans, dont on vantait la tempérance et la modestie, et qui jouissait déjà d'une immense fortune particulière.

Un budget dépassant d'un tiers le budget déjà si énorme de la restauration.

Des députés, des ministres se cramponnant aux cumuls comme à une proie, et déclarant hautement qu'on ne leur arrachera leur traitement qu'avec la vie.

Ajoutez à cela la détention arbitraire d'une femme, emprisonnée en vertu de je ne sais qu'elle raison d'Etat, que je ne comprends pas ; qui si elle est coupable doit être livrée à la justice du pays, ou rendue à la liberté, si elle est innocente.

La Charte violée par une création de pairs, faite avant l'organisation finale de la pairie.

Des pairs nommés contrairement à la loi sans énumération de services rendus.

Et pour couronner cette belle œuvre, l'état de siége établi dans plusieurs départemens et la capitale du royaume mise hors la loi, alors qu'un ministre venait de déclarer à la Tribune nationale, que tout était rentré dans l'ordre et la paix.

Je vous le demande, Messieurs, n'était-ce pas une conséquence naturelle de la terrible jurisprudence que le peuple avait établi en juillet, qu'un nouveau fort de Ham reçut ces nouveaux violateurs des lois de leurs pays? et pourtant ces hommes tiennent encore entre leurs mains les destinées de la patrie.

Et je ne pourrais, moi citoyen et magistrat, appeler leur conduite odieuse, qualifier leurs actes de criminels? Toute idée de justice, de raison, de liberté aurait donc disparu de cette terre.

Quant à moi, Messieurs, je ne retracte point mes paroles, et j'y ajoute que si jamais le pouvoir s'oublie jusqu'au point de violer de nouveau le pacte fondamental, si j'apperçois la moindre chance de succès, je serai le premier à courir en armes sur la place publique, et à exciter mes concitoyens à la révolte, et en le faisant, je ne croirai pas avilir la dignité de mon caractère de magistrat, je croirai l'ennoblir.

Et remarquez bien, Messieurs, et cette observation est pour ma cause de la dernière importance, qu'il n'est pas nécessaire que j'ai raison dans ma manière d'envisager la conduite du Gouvernement, je sais qu'un même fait peut être considéré sous plusieurs points de vue divers, et je conçois fort bien qu'on puisse être républicain, légitimiste, juste-milieu, du tiers-parti, ou d'une opposition plus ou moins prononcée; mais pourvu que je me contente de considérer les choses d'une manière qui ne heurte pas trop les idées reçues, et qui ne me signale pas à l'opinion publique comme un magistrat inepte ou furieux, pourvu que je ne professe pas des idées subversives de l'ordre établi, et que je me borne à censurer les actes ministériels; on ne peut critiquer ma conduite, car l'inamovibilité qui me garantit et me protège n'a été créée que pour me donner la faculté de discuter les actes du pouvoir, de l'attaquer même vivement, s'il ne marche pas selon mes vues.

Mais y songe-t-on bien, c'est la discussion, l'élément même du Gouvernement représentatif que l'on voudrait proscrire, ou du moins interdire à un corps qui, plus que personne, a le droit d'en user.

Quoi, tous les jours, des magistrats ministériels pour-

raient descendre dans l'arêne de la polémique ? Quoi,
Me Dupin et autres pourraient faire des brochures, im-
primer que le Gouvernement est fort, équitable, rigide
observateur des lois, sauveur, que sais-je, et des magistrats
d'une opinion opposée ne pourraient soutenir et prouver
qu'il est faible, injuste, violateur des lois, et qu'il n'a
rien sauvé.

Le pouvoir pourrait entonner tous les jous des chants
de triomphe, et on ne pourrait lui répondre par des cris
de détresse.

Non, Messieurs, vous ne sauriez consacrer un système
qui vous forcerait à approuver sans reserve, ou du moins
à faire taire toutes vos convictions. Il est certain que le
pouvoir vous verrait avec plaisir embrasser cette ligne de
conduite, mais je doute fort que vous veuillez vous rési-
gner à un rôle aussi passif.

Examinons maintenant la législation de la matière, et
voyons si elle est applicable à l'espèce.

C'est une singulière manie que l'on a en France, et que
le pouvoir tient à conserver, car il y trouve son profit,
d'aller fouiller dans le cahos de notre ancienne législation,
et d'en retirer pour s'armer au gré de ses caprices, des lois
oubliées depuis long-tems, le plus souvent en opposition avec nos mœurs, nos usages, souvent implicite-
ment abrogées par des lois plus récentes, ou par l'esprit
ou le texte de la Charte elle-même. Il devrait pourtant
se rappeler que Montesquieu a écrit qu'une des princi-
pales tyrannies de Tibère fut l'abus qu'il fit des ancien-
nes lois, nées pendant les dissensions de Rome.

Voici en peu de mots l'historique de cette singulière
législation peu connue et qui mérite de l'être, car elle
apprend aux magistrats combien il est dangereux de permettre à l'autorité le plus léger empiétement sur le terrain de la légalité.

Les offices révocables dans les premiers tems de la
monarchie ne devinrent perpétuels que sous Philippe-
le-Bel.

Louis XI, qui voulut à son avènement au trône changer les principaux officiers du royaume, rencontra une vigoureuse résistance, et il se vit obligé de publier le 21 octobre 1467 une déclaration par laquelle il ordonna que « les juges ne pourraient être destitués ou privés « de leurs charges, que pour forfaiture préalablement jugée « et déclarée judiciairement, selon les termes de justice, « par juge compétent. » Cette déclaration fut confirmée par Henri IV, Louis XIV, Louis XV, et chose singulière, les magistrats qui ne pouvaient être poursuivis sous les rois que nous venons de nommer, et qui certes n'étaient pas peu jaloux de leur autorité, que pour forfaiture, peuvent l'être sous Louis-Philippe, à l'aide de quelques sénatus-consultes impériaux, pour l'action la plus inoffensive et la plus innocente.

La constitution de 91 suspendit l'inamovibilité, et celle de l'an VIII la rétablit.

En l'an X, un sénatus-consulte qu'on ne craignit pas d'appeler acte constitutionnel vint déclarer que le Grand-juge, Ministre de la justice, avait sur les tribunaux, les justices de paix et les membres qui les composent, le droit de les surveiller et de les reprendre.

Il établit de plus que la Cour de cassation aurait droit de censure et de discipline sur les Cours criminelles et d'appel, et qu'elle pourrait, pour cause grave, suspendre les juges de leurs fonctions, ou les mander près du Grand-juge pour rendre compte de leur conduite. Il établit aussi un droit de surveillance au profit des Cours sur les tribunaux.

En l'an XIII, un autre acte qualifié aussi constitutionnel vint remplir une lacune, et la Cour de cassation fut placée elle-même sous la surveillance de la haute Cour et du Souverain lui-même.

C'est absolument la fable de la lice et sa compagne ; car tous ces actes ne firent que préluder à un sénatus-consulte du 12 octobre 1807, qualifié aussi constitutionnel, quoiqu'il détruisit la constitution, par lequel il fut ordonné « qu'à l'avenir les provisions, qui instituent les juges à vie » ne leur seront délivrées qu'après cinq années d'exercice

» de leurs fonctions, si à l'expiration de ce délai S. M.
» l'Empereur et Roi reconnaît qu'ils méritent d'être main-
» tenus dans leurs places. »

De sorte que sa majesté l'Empereur et Roi conservant
la faculté d'envoyer les provisions quand bon lui semblait,
instituait à son gré des juges à tems ou à vie.

Enfin, la loi du 20 avril 1810, dont on demande aujourd'hui l'application, vint couronner cet échafaudage de
lois anti-constitutionnelles qui, par cela seul, auraient dû
demeurer sans effet.

Il semblerait qu'après la révolution de juillet, sous le
règne de Louis-Philippe, on ne devrait pas aller exhumer
ces vieilles lois de l'empire, tombées en dessuétude, et
contraires à l'esprit de notre Charte; des lois prises dans
une époque, où l'on a vu les amalgames les plus étranges
marcher de front, la légende, république française avec
Napoléon, empereur et roi; où l'on a vu la liberté de la
presse proclamée, et l'impossibilité d'écrire ou même de
dire un seul mot.

Je crois, Messieurs, devoir mettre sous vos yeux une
partie d'une dissertation de M. Bavoux, dans laquelle cet
auteur prouve combien est odieuse cette loi du 20 avril
1810, et qu'elle est abrogée au moins en partie par la Charte.

Vous observerez que M. Bavoux écrivait en 1821; or,
ce qui était mauvais sous l'empire de la Charte de 1814,
doit l'être bien davantage sous celle de 1830, s'il est vrai
que nous avons progressé. (1)

Vous voyez donc, Messieurs, que cet auteur doutait
sous la restauration, si cette loi n'était pas abrogée, et
qu'il soutenait qu'alors même certains articles ne pouvaient
plus recevoir d'application : ne devrions-nous pas la mettre
tout-à-fait de côté en 1833 ?

Mais en admettant même l'existence de cette loi dans
toute son intégrité, il me serait facile de décliner votre
juridiction, si cette pensée pouvait entrer dans mon esprit.

(1) Ici j'ai lu un passage de M. Bavoux, duquel il résulte que la loi du
20 avril 1810 a été abrogée, du moins en partie, par la Charte de 1814,
et que dans tous les cas elle ne peut s'appliquer à un fait politique.

. Je pourrais d'abord soutenir que je ne suis que suppléant , et non juge en titre et réellement membre d'un
tribunal.

En effet , la loi du 27 ventôse an VIII porte : « que
» les suppléans n'ont point de fonctions habituelles, qu'ils
» sont uniquement nommés, pour remplacer momentané-
» ment et selon l'ordre de leur nomination , les juges ou
» les commissaires du Gouvernement. »

Et il est si vrai qu'un suppléant n'est pas membre d'un
tribunal dans toute l'acception du mot , que d'après la
loi du 22 mars 1831 , sur les gardes nationales, les membres
des tribunaux peuvent se dispenser du service , et que
néanmoins plusieurs décisions ministérielles , notamment
une de M. d'Argout , et plusieurs jugemens de conseils
de discipline , ont décidé que cette dispense ne pouvait
s'étendre aux suppléans.

L'article 53 de la loi du 20 avril porte en substance que
les peines portées par l'article 5o, seront applicables ,
même à ceux qui n'ayant exercé qu'en qualité de suppléans , auront, dans l'exercice de cette suppléance , manqué aux devoirs de leur état.

Ne doit on pas induire de là qu'un suppléant qui fal-
lit, hors de l'exercice de sa suppléance , n'est pas pas-
sible des peines portées par l'art. 5o.

Et certainement , on ne prétendra pas que j'ai agi dans
l'exercice de ma suppléance , parceque ma lettre est signée , A. Gazard , juge-suppléant ; cette argumentation
serait trop puérile , pour que je perde mon tems à la
refuter.

Passons sur ce premier moyen.

Je pourrais dire encore qu'aux termes des articles 49
et 5o de la loi , je devais , avant d'être cité devant la Cour,
recevoir un avertissement préalable ; cela résulte des termes des articles que je viens de citer. (1)

Cela résulte aussi des motifs de la loi , donnés par
M. Treilhard. (2)

_____

(1) j'ai lu ces articles à la Cour.
(2) Ici j'ai lu partie des motifs de la loi , qui prouvent ce que j'avais
avancé.

Ce n'est donc que lorsque l'avertissement demeure sans effet, que je puis être traduit devant la Cour.

Car on distingue trois sortes de fautes :

Culpa levissima, qui est l'objet des mercuriales ;

Culpa levis, qui est puni par la loi d'avril ;

Culpa lata, qui est la faute grave, l'objet de la haute censure, punie par l'article 83 du Sénatus-Consulte, du 16 thermidor an X.

Si donc vous dites que ma faute est très-grave, ou seulement grave, traduisez-moi *de plano*, devant la Cour de cassation.

Si vous dites qu'elle est légère, faites-un avertissement préalable.

Je passe sur ce deuxième moyen, qui me paraît invincible ; et je me borne à soutenir (car vous vous êtes aperçus que mon but dans cette affaire est de défendre l'indépendance de la magistrature, et il ne serait pas atteint si par des fins de non-recevoir, ou en déclinant votre compétence, je me fais renvoyer de la plainte), je me borne donc à soutenir, dis-je, que la loi du 20 avril n'est pas applicable à notre espèce ; qu'elle a pour objet de réprimer certains faits qui peuvent affecter les mœurs privées, les bienséances, la dignité du magistrat ; mais ne peut s'appliquer comme vous l'a dit M. Bavoux, à un fait tout politique, qui peut être blamé sous un ministère, et récompensé sous un autre. La raison de ce que j'avance, se trouve dans l'exposé des motifs ; voici ce qu'on y lit. (1)

Vous voyez qu'il n'est ici nullement question d'un fait politique, qui ne peut jamais porter atteinte à la dignité réelle du magistrat.

Et pour fortifier cette explication de la loi, j'ajoute que lorsque la loi a été faite, le législateur ne pouvait avoir l'intention de réprimer un fait politique.

_____

(1) Ici j'ai encore lu partie des motifs de la loi, qui venaient corroborer ce que j'avais dit.

On ne s'amusait pas alors à censurer, à réprimander un magistrat, qui se serait permis de faire de l'opposition, de critiquer les actes du Gouvernement ; on destituait, on punissait arbitrairement, car il n'entrait certainement pas dans l'esprit de l'homme qui avait tout fait plier sous lui, de se borner à censurer, réprimander ou suspendre le magistrat, qui aurait osé heurter sa volonté.

Lisez, Messieurs, la loi, lisez-en les motifs, et vous n'y trouverez pas une idée, pas un mot, qui de près ou de loin, par induction ou autrement, puisse se rattacher à cette cause.

J'en trouve une nouvelle preuve dans les termes mêmes de l'art. 49 qui exige l'avertissement préalable ; car une manifestation, un fait politique a toujours en lui-même quelque chose de spontané, sans continuité, qui fait que l'avertissement préalable viendrait toujours trop tard et ne saurait prévenir un scandale déjà causé. Il évident que le législateur n'a eu que l'intention de prévenir certains actes, sans solution de continuité, qui peuvent se recontrer tous les jours, ou à des distances très-rapprochées, dans la vie privée du magistrat ; c'est pour cela que par ménagement pour sa qualité, il a exigé un avertissement préalable, qui deviendrait inutile pour un fait politique.

Ainsi donc, cette loi si radicalement mauvaise, tombée en désuétude, qui n'a reçu que de très-rares applications, qui est abrogée par nos mœurs, nos usages, si elle ne l'est pas par un texte de loi formel, qui détruirait l'inamovibilité de la magistrature, garantie par la Charte, qui la livrerait pieds et poings liés au caprice et à l'arbitraire ministériels ; cette loi que les tribunaux doivent appliquer avec tant de ménagement ; cette loi là même ne m'atteint pas.

Cette loi, née sous le despotisme d'un soldat, ne frappe que les magistrats qui ont compromis la dignité de leur caractère.

En quoi l'aurais-je compromise ? Serait-ce pour avoir

dénoncé à l'opinion publique un acte ministériel, dont j'ai démontré l'injustice ; mais c'est alors surtout que j'étais noble et digne, le vrai magistrat dans toute sa dignité, entouré de son indépendance ; c'est par ce fait que j'ai mérité l'estime de mes concitoyens, et les remercîmens des magistrats qui savent comprendre que, sans indépendance, il peut y avoir des juges, mais plus de magistrature.

Quoi, Messieurs, par un pareil fait j'aurais avili la dignité de mon caractère, quand dans ma conscience j'ai cru la rehausser et l'ennoblir. Est-ce que je n'aurais pas l'idée du juste et de l'injuste, du vrai et du faux, de l'indépendance et de la servilité ?

Mais c'est alors que je l'aurais avilie, si courbant lâchement la tête, je n'avais pas signalé à mes concitoyens un acte injuste, arbitraire, illégal, contraire à nos mœurs, comme à nos lois.

Je ne comprends pas cette dignité qui change avec les tems et les lieux, et le Parlement me paraît aussi noble, aussi digne lorsqu'il casse le testament du grand Roi, que lorsqu'il s'incline humblement devant son fouët de poste.

Concluons donc, Messieurs, que les magistrats et la loi ne doivent reconnaître qu'une seule espèce de dignité, la dignité du juste, du vrai, la dignité de l'honnête homme qui sert loyalement son pays, qui le sert en conscience, et qui lui est souvent aussi utile en résistant à propos au pouvoir, qu'en lui prêtant dans d'autres circonstances un utile concours.

Oh ! je conçois sans peine que nos gouvernans trouveraient des charmes à rencontrer sans cesse des magistrats complaisans et dociles, même lorsqu'ils méditent les projets les plus funestes, lorsqu'ils font dire à la Tribune nationale par un de leurs affidés, que la légalité nous tue ; ce qui veut dire, en d'autres termes, que pour vivre il faut détruire la légalité ou en créer une autre ; mais je conçois aussi, Messieurs, que vous, qui tenez entre vos mains ce dépôt précieux, vous qui êtes les organes de la loi, vous qui avez hérité de cette austérité de mœurs et de cette rigidité de vertu que vous ont légué les Molé, les de Thou, les Talon, les l'Hospital, les d'Aguesseau ; vous les héritiers de la gloire et de l'indépendance de ces anciens Parlemens , si fameux par leurs courageuses résistances, et qui projettent encore un si glorieux reflet en la personne du vénérable Président de cette assemblée ; vous répondiez au *caveant consules* liberticide du pouvoir, par un *caveant populi*, que la nation saura comprendre.

A. Gazard.

Aurillac, de l'imprimerie de PICUT, Libraire. — Mai 1833.

www.ingramcontent.com/pod-product-compliance
Lightning Source LLC
Chambersburg PA
CBHW070715210326
41520CB00016B/4351